BEI GRIN MACHT SICH IHR WISSEN BEZAHLT

- Wir veröffentlichen Ihre Hausarbeit, Bachelor- und Masterarbeit

- Ihr eigenes eBook und Buch - weltweit in allen wichtigen Shops

- Verdienen Sie an jedem Verkauf

Jetzt bei www.GRIN.com hochladen und kostenlos publizieren

Justus Meyer

Aus der Reihe: e-fellows.net stipendiaten-wissen

e-fellows.net (Hrsg.)

Band 1246

Die Niedrigzinspolitik der EZB. Realwirtschaftliche Auswirkungen

GRIN Verlag

Bibliografische Information der Deutschen Nationalbibliothek:

Die Deutsche Bibliothek verzeichnet diese Publikation in der Deutschen Nationalbibliografie; detaillierte bibliografische Daten sind im Internet über http://dnb.d-nb.de/ abrufbar.

Dieses Werk sowie alle darin enthaltenen einzelnen Beiträge und Abbildungen sind urheberrechtlich geschützt. Jede Verwertung, die nicht ausdrücklich vom Urheberrechtsschutz zugelassen ist, bedarf der vorherigen Zustimmung des Verlages. Das gilt insbesondere für Vervielfältigungen, Bearbeitungen, Übersetzungen, Mikroverfilmungen, Auswertungen durch Datenbanken und für die Einspeicherung und Verarbeitung in elektronische Systeme. Alle Rechte, auch die des auszugsweisen Nachdrucks, der fotomechanischen Wiedergabe (einschließlich Mikrokopie) sowie der Auswertung durch Datenbanken oder ähnliche Einrichtungen, vorbehalten.

Impressum:

Copyright © 2015 GRIN Verlag GmbH
Druck und Bindung: Books on Demand GmbH, Norderstedt Germany
ISBN: 978-3-656-96380-6

Dieses Buch bei GRIN:

http://www.grin.com/de/e-book/299995/die-niedrigzinspolitik-der-ezb-realwirtschaftliche-auswirkungen

GRIN - Your knowledge has value

Der GRIN Verlag publiziert seit 1998 wissenschaftliche Arbeiten von Studenten, Hochschullehrern und anderen Akademikern als eBook und gedrucktes Buch. Die Verlagswebsite www.grin.com ist die ideale Plattform zur Veröffentlichung von Hausarbeiten, Abschlussarbeiten, wissenschaftlichen Aufsätzen, Dissertationen und Fachbüchern.

Besuchen Sie uns im Internet:

http://www.grin.com/

http://www.facebook.com/grincom

http://www.twitter.com/grin_com

Wintersemester 2014/15
Georg-August-Universität Göttingen
Professur für Internationale und Monetäre Ökonomik
Volkswirtschaftliches Hauptseminar: Seminar zu aktuellen Problemen der Außenwirtschaft

Die Niedrigzinspolitik der EZB: Realwirtschaftliche Auswirkungen

Vorgelegt von:
Meyer, Justus

Inhaltsverzeichnis

Inhaltsverzeichnis II

Abbildungsverzeichnis III

Tabellenverzeichnis III

Einleitung 1

1 Geldpolitische Transmissionsmechanismen 2

    1.1 Primäre Übertragungskanäle 2

    1.2 Der Risikokanal der Geldpolitik 6

2 Ursachen des aktuellen Niedrigzinsumfelds 7

3 Indikatoren 11

4 Deskriptive Evidenz 13

5 Handlungsspielräume der EZB 20

6 Fazit 21

7 Literaturverzeichnis ii

Abbildungsverzeichnis

Abbildung 1: Entwicklung lang- und kursfristiger Anleihen ausgewählter OECD Länder 7

Abbildung 2: Konvergenz, Divergenz und Rekonvergenz von Zinsen im Euroraum 8

Abbildung 3: Bilanzgrößen ausgewählter Zentralbanken (1999-2013) 10

Abbildung 4: Entwicklung der Geldmenge M3 (1998-2014) 11

Abbildung 5: Wachstum des realen BIP in ausgewählten Ländern; Entwicklung des EZB Leitzins (2009-2013) 13

Abbildung 6: Reales BIP und Arbeitsmarktentwicklung in ausgewählten Euroländern (2007-2013) 13

Abbildung 7: Entwicklung der Kreditzinsen in ausgewählten Euroländern (2010-2014) 14

Abbildung 8: Entwicklung der Bruttoinvestitionsquoten in ausgewählten Euroländern (1999-2013) 14

Abbildung 9: Entwicklung der Investitionen in Deutschland 15

Abbildung 10: Private Konsumausgaben in der EWU (2005-2013) 15

Abbildung 11: Private Konsumausgaben in Deutschland (1999-2013) 15

Abbildung 12: Veränderung der Bankkredite im Euroraum (2010-2014) 16

Abbildung 13: Notleidende Kredite im Euroraum (2008-2013) 16

Abbildung 14: Entwicklung der Privatschulden in der EWU (1995-2013) 17

Abbildung 15: Wechselkursentwicklung des Euro (2010-2014) 18

Abbildung 16: Leistungsbilanzsalden ausgewählter Euroländer (2010-2014) 18

Abbildung 17: Entwicklung des DAX (2010-2014) 19

Abbildung 18: Entwicklungen am deutschen Immobilienmarkt 20

Tabellenverzeichnis

Tabelle 1: Indikatorencluster 13

Einleitung

Ausgelöst durch die 2007 in den USA ausgebrochene Finanz- und Wirtschaftskrise befindet sich die Europäische Währungsunion[1] seit nunmehr fünf Jahren in einer andauernden asymmetrischen Strukturkrise.[2] Durch die Implementierung neuer Institutionen und unkonventionelle Maßnahmen der Zentralbank konnte ein Auseinanderbrechen der Euro-Zone bisher verhindert werden.[3] Dennoch bleibt die konjunkturelle Situation angespannt. Sowohl auf dem Arbeitsmarkt als auch auf dem Finanzmarkt der EWU ist eine zunehmende nationale Fragmentierung zu konstatieren, welche die Heterogenität der Teilnehmerländer verstärkt.

Stand in der öffentlichen Debatte zu Beginn noch die fiskalische Konsolidierung der Teilnehmerländer im Mittelpunkt, rückt nun — insbesondere in Deutschland — die Nachhaltigkeit der Entwicklungen auf dem Finanzmarkt in den Fokus. In erster Linie steht im Kontext des aktuellen Niedrigzinsumfelds die Rolle der Europäischen Zentralbank als dauerhafter Krisenbekämpfer in der Kritik.[4] Seit dem Ausbruch der Finanzmarktkrise und der Krise der peripheren Euro-Länder versucht die EZB mit traditionellen Maßnahmen, wie schrittweisen Zinssenkungen, aber auch unkonventionellen Schritten eine systemische Finanzmarktkrise zu verhindern. Bereits vor zwei Jahren warnten jedoch Ökonomen des Münchner IFO Instituts im Hinblick auf mögliche Risiken der EZB Politik: „Billiges Geld kann teuer werden"[5].

Vor dem Hintergrund fortdauernder wirtschaftlicher Divergenz der EWU Teilnehmerländer und ausbleibender konjunktureller Stabilisierung, trotz dauerhafter Niedrigzinsen im Euroraum, stellt sich daher die Frage: Welche realwirtschaftlichen[6] Konsequenzen hat die Niedrigzinspolitik der Europäischen Zentralbank für die deutsche Volkswirtschaft unter Beachtung des aktuellen Niedrigzinsumfelds? Die vorliegende Arbeit schließt hierbei an die unlängst veröffentlichte Studie des *Instituts der deutschen Wirtschaft Köln* an, die bisherigen Nutzen und langfriste Gefahren der aktuellen EZB Politik analysiert.[7] In gleicher Weise macht der kürzlich erschienene Jahresbericht der *Bank für Internationalen Zahlungsausgleich* auf zunehmende realwirtschaftliche

---

[1] Im Folgenden EWU.
[2] Für eine Zusammenfassung der Ursachen siehe: Lane (2012), wesentlich ausführlicher hingegen: Shambaugh (2012).
[3] Die Implementierung neuer Institutionen umfasst hierbei auch die finanziellen Transfers, Refinanzierungsfazilitäten und Beistandssysteme.
[4] Einen Überblick gibt: Winkler (2014).
[5] Schubert (2012) S.3.
[6] Die Arbeit versteht den Begriff „Realwirtschaft" in Abgrenzung zum Finanzsektor. Er umfasst Haushalte die Güter und Dienstleistungen produzieren und schließt jene aus, die an Finanzmärkten kaufen und verkaufen. Gleichwohl erscheint die Trennschärfe aufgrund starker Interdependenz zwischen den Sektoren eingeschränkt.
[7] Vgl. Institut der deutschen Wirtschaft (2014) S.10.

Verzerrungen und abnehmende Finanzmarktstabilität aufgrund dauerhafter Niedrigzinsen aufmerksam.[8]

Beginnend mit einer Skizzierung realwirtschaftlicher Transmissionsmechanismen wird die wirtschaftliche Bedeutung geldpolitischer Entscheidungen aufgezeigt. Ferner soll die jüngste Diskussion um den Risikokanal[9] der Geldpolitik in den Mittelpunkt gerückt werden und mit ihm die Rolle des Zinses als zentraler Allokationsmechanismus der Marktwirtschaft. Anschließend erfolgt eine Skizzierung der Ursachen des aktuellen Niedrigzinsumfelds und eine Gewichtung des EZB Einflusses auf die aktuelle Zinsstruktur. Aufbauend auf den theoretischen Implikationen, erfolgt mithilfe ausgewählter Indikatoren eine schlaglichtartige Bewertung der bisherigen EZB Politik. Die Analyse beschränkt sich hierbei auf Entwicklungen in Deutschland und ausgewählten Krisenländern Europas von 2010 bis 2013. Eingegrenzt wird der untersuchte Zeitraum einerseits vom Ausbruch der andauernden Krise im Euroraum und andererseits von der Verfügbarkeit zuverlässiger Daten. Ziel der Arbeit ist es kursorisch Chancen und Risiken der aktuellen Geldpolitik abzuwägen. Abschließend stellt sich die Frage, welche Handlungsspielräume der EZB unter den derzeitigen ökonomischen Rahmenbedingungen zur Verfügung stehen.

1 Geldpolitische Transmissionsmechanismen

Die langfristige „Neutralität des Geldes" gehört zu den volkswirtschaftlichen Allgemeinplätzen.[10] Daraus den Schluss zu ziehen, Geldpolitik sei irrelevant, wäre jedoch ein fataler Fehler, der nicht zuletzt eine Ursache für die „Große Depression" ausmachte.[11] Geldpolitik ist ein mächtiges Instrument und Kursänderungen der Zentralbanken durch Zinsentscheidungen wirken durch verschiedene Transmissionskanäle auf die Realwirtschaft.[12] Im Folgenden werden daher die Wirkungskanäle geldpolitischer Entscheidungen skizziert und potentielle Risiken dauerhafter Niedrigzinsen aufgezeigt.

1.1 Primäre Übertragungskanäle

Der geläufigste und ersichtlichste Vorgang, durch den Geldpolitik in die Realwirtschaft übertragen wird ist der Zinskanal.[13] Entscheidender Aktionsparameter des Zinskanals ist der langfristige Kapitalmarktzins. Senkt die Zentralbank den Leitzins[14], überträgt sich dieser zunächst auf den Geldmarktzins und bei stabilen Inflationserwartungen und temporären

---
[8] Vgl. Bank für Internationalen Zahlungsausgleich (2014) S. 97ff..
[9] Hier verwendet wie zuerst in: Gambacorta (2012).
[10] Vgl. McCandless/Weber (1995) S. 3f. sowie eine Zusammenfassung empirischer Belege in: Lucas (1996) S. 664ff.
[11] Vgl. Romer/Romer (2013) S. 55f., Friedman/Schwartz (1963) S.693f.
[12] Eine umfassende Zusammenfassung der monetären Transmissionsmechanismen findet sich in: Mishkin (1996).
[13] Der Zinskanal bildet beispielsweise den Kern des IS/LM Modells ab, erstmals formalisiert in: Hicks (1937).
[14] Als Leitzins wird hier der Zinssatz auf Hauptrefinanzierungsgeschäfte bei der EZB verstanden.

Preisstarrheiten gleichgerichtet auf den Kapitalmarktzins.[15] Unter der Annahme, dass Investitionen und langfristige Konsumausgaben negativ vom Kapitalmarktzins abhängen, führt die Intervention der Zentralbank ceteris paribus zu einem Ansteigen des Volkseinkommens durch Zunahme der privaten Ausgaben. Die Zentralbank kann also den intertemporalen Allokationsprozess zwischen Ausgaben in der Gegenwart oder Zukunft entscheidend steuern. Da unterschiedliche Investitionen von den Zinserwartungen des jeweiligen Zeithorizonts bestimmt werden, kommt der von den Marktteilnehmern erwarteten Zinsstruktur besondere Bedeutung zu.[16]

Eine frühe Kritik des Zinskanals stell die monetaristische Sichtweise auf Transmissionsmechanismen dar. Änderungen der Geldpolitik – in diesem Fall der Geldmenge – würden keineswegs nur monokausal den Zins beeinflussen. Stattdessen wirke die Übertragung durch eine Reihe von verschiedenen Vermögenspreisänderungen.[17] Neben dem Zinskanal baut gleichermaßen der Wechselkurskanal auf einer Änderung des Zinssatzes[18] auf. Sinkt der Zins, wird c.p. in jenem Land eine Vermögensanlage in Heimatwährung weniger rentabel und der Anlagewert gemessen in heimischer Währung sinkt relativ zu ausländischen. Ferner geht die Nachfrage nach heimischer Währung zurück, da Anleger mit einer Portfolioumschichtung hin zu ausländischen Anleihen auf die Zinsdifferenz reagieren. In einem Regime flexibler Wechselkurse wertet die Heimatwährung infolge der Zinssenkung ab und die preisliche Wettbewerbsfähigkeit des Landes nimmt zu.[19] In der Regel verbessern sich daraufhin die Nettoexporte und das Volkseinkommen, abhängig vom Offenheitsgrad der Volkswirtschaft.[20]

Eine weitere Schlüsselrolle im monetären Transmissionsprozess kommt der Veränderung von Vermögenspreisen zu. Sinkt der Zinssatz infolge expansiver Zentralbankpolitik werden Anleihen gegenüber Aktien weniger attraktiv. Angesichts der daraufhin einsetzenden Portfolioumschichtung steigen der Preis der Aktien und der Börsenwert der Unternehmen. Zugleich verbessern sich die Finanzierungsmodalitäten des Unternehmens. Aufbauend auf der von James Tobin entwickelten q-Theorie, welche den an der Börse bestimmten Marktpreis einer Firma in das Verhältnis zu den Ersatzkosten des eingesetzten Kapitals stellt, hätte dies einen Anstieg der Investitionen zur Folge.[21] Nicht nur Unternehmen, auch private Haushalte, deren Finanzvermögen sich meist auch aus Aktien zusammensetzt, sehen sich nun einem

---

[15] Vgl. Mishkin (1996) S. 2.
[16] Vgl. ebd. S. 3f.
[17] Vgl. Meltzer (1995) S. 51.
[18] Im Folgenden wird angenommen das sich eine Veränderung des Leitzins gleichgerichtet auf alle Zinssätze überträgt.
[19] Ferner zeigt Dornbusch (1976), dass es kurzfristig zu überschießenden Wechselkursen aber auch gegenteiligen Zinseffekten kommen kann.
[20] Vgl. Taylor (1995) S. 15f.
[21] Vgl. Mishkin (1995) S. 6, Tobin (1969) S. 24 ff..

gestiegenen Gesamtvermögen gegenüber. Unter der Annahme, dass die Haushalte über ihre Lebenszeit eine Art der Konsumglättung betreiben, steigt der private Konsum als Folge eines Vermögensanstiegs an.[22] Verstärkt wird dieser Prozess durch Portfolioumschichtungen hin zu realen Vermögensobjekten wie Häusern oder Grundstücken, deren Preis ebenfalls steigt.[23] Der geldpolitische Übertragungskanal durch Vermögenspreisänderungen führt zusammenfassend durch eine Steigerung von Investitionen und Konsum zu einer Expansion des Volkseinkommens. Gleichwohl zeigen empirische Untersuchungen, dass letzteres eine eher geringe Rolle bei der Transmission monetärer Impulse spielt.[24]

In den 1990er Jahren entwickelte sich aufgrund des unzureichenden Erklärungsgehaltes der beschriebenen Transmissionsmechanismen ein neuer Ansatz, um die realwirtschaftlichen Auswirkungen monetärer Schocks zu erklären.[25] In den Blickpunkt wurde hierbei die angebotsseitige Wirkung der Geldpolitik auf den Kreditvergabeprozess gerückt. Der als Kreditkanal bezeichnete Übertragungsmechanismus geldpolitischer Impulse gliedert sich wiederum in Banken- und Bilanzkanal.[26]

Die Theorie des Bankenkanals baut auf der Annahme auf, dass Marktfriktionen und asymmetrisch verteilte Informationen zwischen Kreditgeber und Kreditnehmer bestehen, welche zusätzliche Kosten verursachen.[27] Aufgrund ihrer Funktion als Finanzintermediär in einem unvollkommenen Kapitalmarkt kommt den Banken eine einzigartige Bedeutung bei der Lösung dieser Probleme zu. Sie sind darauf spezialisiert, die entstehenden Transaktionskosten zu minimieren, verdeckte Kreditrisiken offenzulegen, und eine Negativauslese zu vermeiden. Verbleibende Kosten der Intermediation werden in einer Risikoprämie eingepreist. Darüber hinaus fungieren Banken als Schlüsselstelle vieler Unternehmen zum Kapitalmarkt.[28] Insbesondere kleine und mittlere Unternehmen, aber auch private Haushalte, sind vom Angebot der Bankkredite abhängig, da ihnen oft ein direkter Zugang zum Kapitalmarkt nicht möglich ist.[29] Das Kreditangebot der Geschäftsbanken hängt maßgeblich von den Kosten und Möglichkeiten der Refinanzierung bei der Zentralbank ab. Steigt die angebotene Kreditmenge als Folge einer expansiven Geldpolitik seitens der Zentralbank, beispielsweise einer Leitzinssenkung, weiten sich Investitionen und Konsum aus, sofern dem gestiegenen Angebot eine entsprechende Nachfrage gegenübersteht.[30]

---

[22] Vgl. ebd. S.7, aufbauend auf: Modigliani (1971).
[23] Vgl. Mishkin (1996) S.8
[24] Vgl. Lettau/Ludvigson/Charles (2002) S. 128.
[25] Wegweisend: Bernake/Blinder (1988).
[26] Vgl. Mishkin (1996) S. 8.
[27] Vgl. Bernake/Gertler (1995) S. 35.
[28] Vgl. ebd. S. 9f.
[29] Vgl. Bernanke/Gertler (1995) S. 40.
[30] Vgl. Mishkin (1996) S. 9f.

Während der Bankenkanal in Theorie und Empirie äußerst umstritten ist, erfährt der Bilanzkanal im Zuge der wirtschaftlichen Krisen in Japan und der jüngsten weltweiten Finanzkrise zunehmende Aufmerksamkeit.[31] Wesentlicher Bestandteil der Bilanzkanaltheorie ist die Annahme, dass die Kreditwürdigkeit eines Schuldners am Kapitalmarkt von seinem Reinvermögen und der Menge liquider Sicherheiten abhängt. Je geringer das Reinvermögen eines Schuldners, desto höher sind die Kosten Adverser Selektion, da die Menge verfügbarer Sicherheiten abnimmt. Ebenfalls steigt der Anreiz, riskante Projekte zu realisieren, weil die Eigentümer nun mit weniger Eigenanteil haften.[32] Als Folge steigt die Risikoprämie und es kann zu Kreditrationierung kommen.[33] Hieraus begründet sich die Prozyklizität des Bilanzkanals. In einer Rezession verschlechtert sich die Nettovermögensposition von Firmen und das Kreditvergabekalkül der Banken führt zu einer weiteren Einschränkung ihre Finanzierungsmöglichkeiten. Zusätzlich geht in schwierigen wirtschaftlichen Zeiten häufig auch das Reinvermögen von Banken zurück und die Ausfallrisiken der bereits vergebenen Kredite steigen, was die Kreditvergabe weiter einschränkt.[34]

Geldpolitische Entscheidungen können über den Bilanzkanal essenzielle Folgen für die Refinanzierungsmöglichkeiten von Unternehmen haben. Eine zinssenkende expansive Geldpolitik kann zu steigenden Vermögenspreisen führen und die Bilanzposition der Unternehmen und Banken verbessern. Als Konsequenz der dadurch verbesserten Kreditmarktmodalitäten steigen c.p. Investitionen und Konsum.[35] Sinkende Zinsen verbessern zudem den *cashflow* eines Unternehmens, indem sie die bestehende Schuldenlast verringern. Letztlich erhöhen die Unternehmensüberschüsse die Wahrscheinlichkeit einer Kreditvergabe und senken die Risikoprämie.[36] Verstärkt wird die Wirkung expansiver Geldpolitik auf das Nettovermögen von Unternehmen, wenn das Preisniveau unerwartet steigt. Sind Schuldverschreibungen festverzinst sinkt die reale Schuldenbelastung. Einer unveränderten Aktivseite steht dann eine gesunkene Passivseite gegenüber. Das gestiegene Reinvermögen verbessert wiederum den Zugang zu Krediten und führt zu höheren Investitionen.[37] Allgemein lässt sich der Effekt des Kreditkanals auf die Konsumausgaben der privaten Haushalte übertragen.[38]

---

[31] Zur theoretischen Kritik siehe: Meltzer (1995) S. 64ff., positive empirische Resultate finden sich hingegen in: Kishan/Opiela (2000).
[32] Vgl. Bernanke/Gertler (1995) S. 35f.
[33] Vgl. Stiglitz/ Weiss (1981) S. 409.
[34] Vgl. Bernake/Gertler (1995) S.35f.
[35] Vgl. Mishkin (1996) S. 11.
[36] Vgl. ebd.
[37] Vgl. ebd. S. 12f.
[38] Vgl. Bernanke/Gertler (1995) S. 44f.

1.2 Der Risikokanal der Geldpolitik

Neben den positiven realwirtschaftlichen Auswirkungen expansiver Geldpolitik durch niedrige Leitzinsen zeigen sich vor dem Hintergrund der Finanzmarktkrise die Schattenseiten einer zu lockeren Geldpolitik. Die niedrigen Leitzinsen der amerikanischen Notenbank trugen dazu bei die Risikobereitschaft der Banken zu erhöhen und so einen kreditgetriebenen Wirtschaftsboom auszulösen.[39] Eine Sichtweise die sich im Rahmen der Euroraumkrise manifestiert. Hier führte die Zinskonvergenz ausgelöst durch die Einführung des Euro und Vereinheitlichung der Geldpolitik dazu, dass für einige Länder die Zinsen gemessen an Konjunkturdaten zu gering waren und dort ein inflationärer Boom entstand.[40]

Aufmerksamkeit erhält die problematische Transmission niedriger Leitzinsen über den Finanzmarkt in der gegenwärtigen Erforschung des Risikokanals. In der empirischen Forschung dominiert die Sichtweise, dass die Risikoübernahme von Banken bei niedrigen Zinsen deutlich ansteigt.[41] In einer Periode lang anhaltender Niedrigzinsen besteht die Gefahr, dass eine zunehmend risikoreiche Kreditvergabe der Banken Übertreibungen am Kreditmarkt hervorbringt. Geldpolitik kann auf diese Art einen Finanzzyklus auslösen, dessen Krisen dramatische Folgen für die Realwirtschaft haben.[42] Wird der reale Zinssatz negativ erfolgt eine stetige Entwertung des Geldvermögens und es entstehen Verluste für Sparer. Eine Ursache für vermehrt eingegangene Risiken ist die Suche der Anleger nach Alternativinvestitionen in Zeiten niedriger Renditen. Diese „Search for Yield"[43] ist vereinzelt auch durch institutionelle Umstände bedingt. Zu einer Mindestrendite verpflichtete Finanzdienstleister, wie beispielsweise Versicherungen, sind auf rentable Anlagen angewiesen. Als Resultat der Renditesuche und Portfolioumschichtungen, zu kommt es steigenden Vermögenspreisen. Bilden entsprechende Vermögenswerte einen signifikanten Anteil an den hinterlegten Sicherheiten einer Bank, stiegt die Risikoaffinität der Akteure, da die relative Ausfallwahrscheinlichkeit gesunken ist.[44] Verhaltensändernd wirken niedrige Zinsen auch dann, wenn sie als langfristig angesehen werden. Durch die verbesserten Refinanzierungsbedingungen steigen Konsum und Investitionen, die bei höheren Zinsen nicht rentabel wären. Der Zins verliert so seine Lenkungsfunktion für die optimale intertemporale Allokation der Ressourcen. Auch der staatliche Konsum erscheint bei anhaltenden Niedrigzinsen attraktiv, wie aktuelle Forderungen des Internationalen Währungsfonds nach

---

[39] Vgl. Taylor (2012) S. 102ff.
[40] Vgl. Sinn (2013) S.3.
[41] Eine Positive Korrelation findet sich in: Bekaert/Hoerova/Lo Duca (2013), Valencia (2014) sowie Jiménez u.a. (2014).
[42] Vgl. Borio (2012) S. 16ff.
[43] Rajan (2005) S. 3.
[44] Vgl. Gambacota (2009) S.44f.

fiskalischen Investitionsprojekten zeigen.[45] Es besteht die Gefahr, dass aufgrund niedriger Refinanzierungskosten die Nachhaltigkeit der Finanzierung in den Hintergrund rückt. Geschieht dies – unabhängig, davon ob im privaten oder staatlichen Sektor – ist die nächste Krise absehbar.

Die Analyse traditioneller Transmissionsmechanismen und des Risikokanal zeigt, dass Geldpolitik nie allokationsneutral ist. Zinssenkungen der Zentralbank haben durch Anpassungsprozesse auf Finanz- und Gütermärkten eine erhebliche Verteilungswirkung. Gleichzeitig kann ein langanhaltendes Niedrigzinsumfeld Risiken makroökonomischer Instabilität erhöhen, indem es falsche Anreize setzt. Alle beschriebenen Transmissionsmechanismen der Geldpolitik sind durch Zinsentscheidungen an bestimmte Akteure gebunden. Eine besondere Rolle im Übertragungsprozess geldpolitischer Impulse auf die Realwirtschaft kommt deshalb den Banken als Finanzintermediären zu.

2 Ursachen des aktuellen Niedrigzinsumfelds

Die Zinsen im Euroraum befinden sich zurzeit auf historischem Tiefstand. Langfristige und kurzfristige Renditen folgen seit mehreren Jahren einem Abwärtstrend, wie Abbildung 1 zeigt.

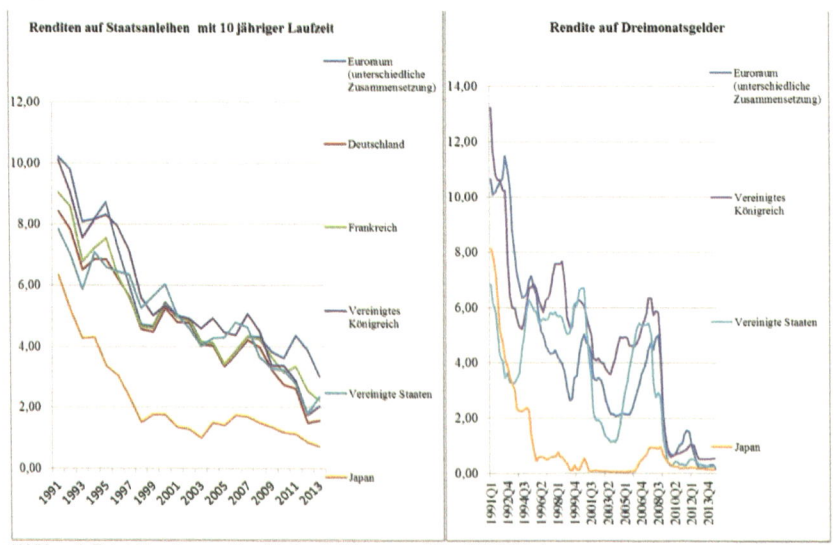

Abbildung 1: Entwicklung lang- und kursfristiger Anleihen ausgewählter OECD Länder   Quelle: Eurostat, eigene Darstellung

Wenngleich es infolge von Finanz- und Staatsschuldenkrise zu einer deutlichen Zinsspreizung zwischen den Krisenstaaten und dem Rest des Euroraum kam, nimmt diese seit 2013 stetig

---

[45] Vgl. Lagarde (2014)

ab. Die langfristigen Zinssätze zwischen den Ländern nähern sich einem homogenen Niveau ähnlich dem der Vorkrisenzeit an, wie aus Abbildung 2 ersichtlich ist.

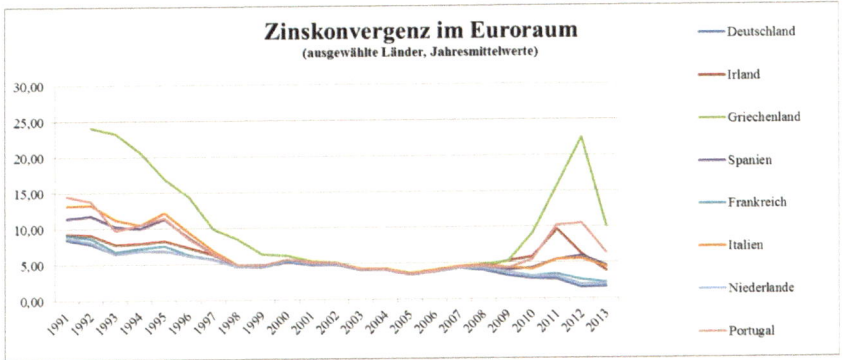

Abbildung 2: Konvergenz, Divergenz und Rekonvergenz von Zinsen im Euroraum   Quelle: Eurostat

Rückt man die Ursachen der Niedrigzinsphase in den Fokus der Betrachtung, so lassen sich strukturelle und situative Faktoren unterscheiden. Ausgedrückt in einer leicht modifizierten Fisher-Gleichung stellt der Nominalzins (i) die Summe aus Realzins (r), erwarteter Inflation und einer Risikoprämie (θ) dar.[46] Die Gleichung $i = r + \pi^e + \theta$ beschreibt somit die wichtigsten Einflussfaktoren auf den Nominalzins.

Ausgehend von der „Great Moderation" sinken die langfristigen Zinsen – in Form von Staatsanleihen – in den meisten OECD Ländern seit den 1990er Jahren.[47] Abbildung 2 veranschaulicht diesen Trend sinkender Anleiherenditen für ausgewählte Länder. Eine starke Triebkraft stellt das im gleichen Zeitraum beobachtbare Sinken des realen Weltzinses dar.[48] Ursachen sind sowohl die zunehmende Verflechtung internationaler Finanzmärkte und eine bessere Ressourcenallokation des Faktors Kapital als auch ein steigendes Angebot an Ersparnissen aus Entwicklungsländern.[49] Zu weiteren Beschleunigung des Trends führten die stetige Reduktion der Inflationsrate in den entwickelten Volkswirtschaften ausgehend von den späten 80er Jahren und andauernde wirtschaftliche Prosperität.[50]

Ein weiterer entscheidender Faktor für die anhaltend niedrigen Zinsen im Euroraum ist die seit längerer Zeit expansiv ausgerichtete Geldpolitik der Europäischen Zentralbank. Als Reaktion auf die Finanz- und Wirtschaftskrise ergriff die EZB eine Reihe von Maßnahmen, um die Funktionsweise der Finanzmärkte zu gewährleisten und „Bank Runs" zu verhindern.

---

[46] Siehe hierzu ursprünglich: Fisher (1907) S. 78ff., eine modifizierte Form findet sich in: Cooray (2003).
[47] Vgl. OECD (2014) S. 100.
[48] Einen Schätzer entwickeln: King/Low (2014).
[49] Vgl. IMF (2014) S. 88ff., Zur Theorie der „Ersparnisschwemme" aus Entwicklungsländern siehe: Bernanke (2005).
[50] Vgl. Institut der deutschen Wirtschaft (2014) S. 12.

Im Oktober 2008 wechselte die EZB ihr Liquiditätszuteilungsverfahren von einem Zinstender zum Prinzip der „Vollzuteilung". Zu einem festgelegten Zinssatz wird seitdem jede von den Banken nachgefragte Liquidität bereitgestellt, lediglich begrenzt durch die Fähigkeit der Kreditinstitute entsprechende Sicherheiten bei der EZB zu hinterlegen. Mit der Zuspitzung der Krise wurde die Auswahl akzeptierter Sicherheiten allerdings sukzessive ausgedehnt. Infolgedessen ersetzte der „Lender of last resort", durch de facto angebotsseitig unbegrenzte Liquiditätsbereitstellung, den Interbankenmarkt.[51] Einen Beitrag leisteten hierzu auch Kredite der nationalen Zentralbanken des Eurosystems an illiquide Banken im Rahmen des „Emergency Liquidity Assistance" Programms. Neben dieser und weiteren unkonventionellen Maßnahmen, wie einem begrenzten Ankauf von Wertpapieren und Bereitstellung langfristiger Tendergeschäfte, zielte die EZB primär durch Senkungen des Leitzins darauf ab, den Zinssatz am Geldmarkt zu senken, dadurch die Refinanzierungsmöglichkeiten der Banken zu verbessern und somit Impulse zur Kreditvergabe an private Haushalte auszulösen.[52]

Erste Anzeichen der Krise in Griechenland und bald darauf die Vertrauenserosion in beinahe alle Staaten des peripheren Euroraums, einhergehend mit einer drastischen Zinsdivergenz, führten zu einer erneuten Intensivierung der Zentralbankaktivität. Um eine zu starke Zinsspreizung zwischen den Euroländern zu verhindern beschloss die EZB mithilfe des „Securities Markets Programme" (SMP) in begrenztem Umfang, Staatsanleihen am Sekundärmarkt zu kaufen. Aufgrund einer weiteren Verschärfung der Zinsungleichheit im Sommer 2012 kündigte die EZB an im Rahmen des „Outright Monetary Transactions" Programms unbegrenzt Staatsanleihen aufzukaufen um eine zu starke Zinsdivergenz zu verhindern. Ferner wurden mehrmals langfriste Refinanzierungsgeschäfte mit einer Laufzeit bis zu drei Jahren durchgeführt und weitere Zinssenkungen vorgenommen.[53] Durch ihre Intervention am Sekundärmarkt gelang es der Zentralbank, die durch Risikoaversion und Erwartungen eines Zahlungsausfall der Krisenländer gestiegenen, Risikoprämien zu reduzieren. Ferner wurden „flight-to-quality" Effekte in Anleihen der stabilen Euroländer signifikant reduziert, welche maßgeblichen Beitrag zur zunehmenden Zinsspreizung leisteten.[54] Ein prominenter Indikator für die zinssteigernde Kapitalflucht aus den peripheren Euroländern sind die „Target-2-Salden".[55] Auch sie wiesen mit der impliziten Selbstbindung der EZB unbegrenzt Anleihen der Euroländer anzukaufen eine Trendwende auf.

---

[51] Vgl. Fratzscher/Könik/Lambert (2013) S. 4.
[52] Vgl. EZB (2011) S. 137ff.
[53] Vgl. Winkler (2014) S. 480.
[54] Vgl. Beetsma u.a. (2014) S. 14-19, Zu einem gleichen Ergebnis kommen: Trebesch/Zettelmeyer (2014).
[55] Eine Zusammenfassung der Target Debatte findet sich in Whelan (2013).

Anders als andere Zentralbanken betrieb die EZB bis heute allerdings kein „Quantitative Easing". Der endgültige Ankauf von Anleihen mit dem Ziel der Wirtschaft Liquidität zuzuführen blieb aus. Die im Rahmen des SMP Programms getätigten Staatsanleihenkäufe wurden bis zum 10. Juni 2014 vollkommen sterilisiert. Es entstand bis Mitte 2014 kein Zentralbankgeld durch die aktive Intervention der EZB. Gleiches würde im Falle der Umsetzung für das OMT Programm gelten.[56] Alle bisherigen Versuche die Zentralbankgeldmenge

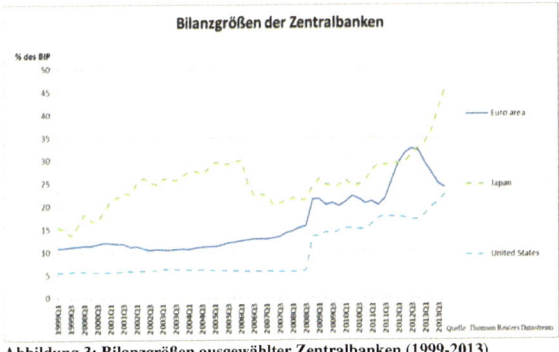

Abbildung 3: Bilanzgrößen ausgewählter Zentralbanken (1999-2013)

auszuweiten waren Nachfrage bestimmt. Die von der EZB im Zuge der Krisenbewältigung ergriffenen Maßnahmen unterschieden sich somit von denen anderer Zentralbanken, trotz ähnlicher absoluter Bilanzgrößen.[57] Zeichnet man die EZB Politik bis zum Juni 2014 nach, ergibt sich daher ein differenziertes Bild. Es gelang der EZB durch die Beeinflussung des Zinskorridors und des Leitzins den für den Euroraum maßgeblichen Geldmarktzins am unteren Ende zu fixieren und auch die für Investition und Konsum maßgeblichen langfristigen Zinsen sind momentan außerordentlich niedrig. Diese gleichgerichtete Entwicklung von kurzfristigen Geldmarktzinsen und langfristiger Zinssätze lässt sich durch Arbitragemöglichkeiten zwischen Anlageformen verschiedener Laufzeit und der Erwartung dauerhaft niedriger Leitzinsen erklären.[58] Gleichwohl verfehlt die EZB seit Beginn 2013 ihr Inflationsziel mittelfristig eine Inflationsrate von „unter aber nahe bei 2%"[59] zu erreichen. Letztlich droht hierdurch ein Glaubwürdigkeitsverlust. Zunehmend fallende und nicht länger fest verankerte Inflationserwartungen im Euroraum sind hierfür ein erster Hinweis.[60] Paradoxerweise trägt das Vertrauen in die stabilitätsorientierte Geldpolitik in Tradition der Bundesbank und stetige Kritik der EZB seitens deutscher Zentralbanker zu diesem Prozess bei. Ersteres wurde insbesondere durch die zweimalige Erhöhung des EZB Leitzins im Jahr 2011 bestärkt. Hinzu kommt eine, wie Abbildung 4 zeigt, deutlich unterhalb des Trends

---

[56] Vgl. EZB 2012.
[57] Einen ausführlichen Vergleich ziehen: Alcidi/Goivanni/Gros (2012).
[58] Eine Bewertung des Zentralbankeinfluss auf den Marktzins findet sich in: Fama (2013).
[59] EZB (2011) S. 9.
[60] Vgl. Bernoth (2014) S. 856f., Zu den Gefahren eines zu geringen Inflationsziels siehe: Reifschneider/Williams (2000).

wachsende Geldmenge M3, die von der EZB als Referenz Aggregat ausgewiesen wird.[61] Auch die EZB ist sich der Problematik bewusst, wie die Rede ihres Präsidenten Mario Draghi auf der Konferenz von Jackson Hole belegt.[62] Im Kontext dieser zunehmend prekären monetären Konstitution der Eurozone beschloss die EZB am 4. September 2014, ihre Geldpolitik weiter zu lockern und weitere unkonventionelle Maßnahmen in Aussicht zu stellen. Die geldpolitische Lockerung umfasst dabei eine Senkung des Zinssatz für Hauptrefinanzierungsgeschäfte auf 0,05% sowie der Einlage- und Spitzenrefinanzierungsfazilität auf -0,2% und 0,3%.[63] Weiterhin kündigte die EZB an, Wertpapiere in Form verbriefter Schuldverschreibungen und Pfandbriefe von Banken anzukaufen, mit dem Ziel die Bankbilanzen im Euroraum zu entlasten und die Kreditvergabe an Unternehmen zu stimulieren. Mit ihrer jüngsten Entscheidung setzt die EZB ihre akkommodierte Geldpolitik fort. Allerdings erreicht das Ausmaß der Zentralbankintervention durch den groß angelegten Ankauf von Kreditverbriefungen eine neue Qualität.

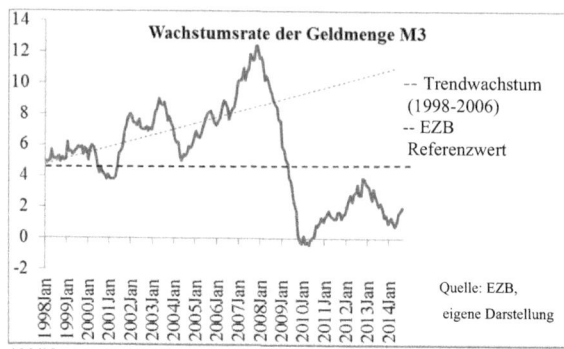

Abbildung 4: Entwicklung der Geldmenge M3 (1998-2014)

Vorerst lässt sich festhalten, dass eine Reihe transitorischer Elemente in den letzten Jahren den Trend sinkender Zinssätze beschleunigten. Eine besondere Katalysatorrolle kommt der Geldpolitik der EZB zu, die durch ihr Eingreifen die Risikoprämien der Staaten gesenkt und die Refinanzierungsmöglichkeiten der Banken erleichtert hat. Sie bestimmt damit das aktuelle Niedrigzinsumfeld im Euroraum und ersetzt durch ihre Rolle den Marktmechanismus zur Zinsbestimmung.

3 Indikatoren

Zur Beurteilung von Konsequenzen und potentieller Gefahren der Niedrigzinspolitik ist es nötig, Indikatoren zu definieren, welche ein möglichst aussagekräftiges Bild der Realwirtschaft zeichnen. Der betrachtete Zeitraum umfasst die Zinssenkungen und das dadurch entstehende Niedrigzinsumfeld der Jahre 2010 bis 2013. Soweit verlässliche

---

[61] Vgl. EZB (1998) S. 3.
[62] Vgl. Draghi (2014).
[63] Vgl. EZB (2014).

Echtzeitdaten zur Verfügung stehen, werden diese genutzt, um aktuelle Entwicklungen einzubeziehen.

Das reale Bruttoinlandsprodukt und die Arbeitslosenquote erlauben einen ersten Blick auf die Konstitution einer Volkswirtschaft. Ein sinkender Leitzins sollte sich über die bekannten Transmissionsmechanismen auf diese beiden Größen auswirken. Veränderungen im Investitionsverhalten können mithilfe der Investitionsquote bewertet werden.[64] Als Indikator für den Konsum werden die privaten Ausgaben für Konsum herangezogen. In der Summe lässt sich so die Wirkung des Zinskanals bewerten. Auf Grundlage der Veränderung des Kreditvolumens und der Weitergabe von Leitzinssenkung an Unternehmen, gemessen in der Entwicklung der Kreditzinsen ausgewählter Euro Länder, wird der Einfluss des Kreditkanals untersucht. Mithilfe des privaten Schuldenstands in ausgewählten Euroländern erfolgt eine Skizzierung des Entschuldungsprozesses, der die Nachfrage nach Krediten bestimmt.

Anhaltspunkte einer Übertragung monetärer Impulse auf die Volkswirtschaft über den Wechselkurskanal gibt die Leistungsbilanz. Schlaglichter auf mögliche Risiken expansiver Geldpolitik kann die Entwicklung ausgewählter Vermögenspreise werfen. Vermögenspreiskanal und Risikokanal werden zusammen in den Blick genommen. Als Indikator für finanzielle Ungleichgewichte wird hierbei die Entwicklung der DAX Kurswerte genutzt, um Verzerrungen durch Gewinnausschüttungen bei Performancekursen zu vermeiden.[65] Bezugnehmend zur aktuellen Debatte eines „Baubooms" in Deutschland, fungiert die Entwicklung der Immobilienpreise als Indikator.[66] Ergänzend zur Preisentwicklung gegenwärtig bestehender Immobilien wird die Veränderung der Grundstückspreise als Indikator für eine Überschussnachfrage nach Immobilien aufgefasst. Der Grad der kreditfinanzierten Bauprojekte, gemessen an der Zahl vergebener Wohnungsbaukredite, dient als Indikator für die Nachhaltigkeit der Preissteigerung. Für die Kontextualisierung und Interpretation von Leitzinssenkungen und realwirtschaftlichen Konsequenzen ergibt sich somit das folgende Indikatorcluster:

---

[64] Vgl. Statistische Ämter der Länder (2014) S. 24
[65] In gleicher Weise: Institut der deutschen Wirtschaft (2014) S. 38.
[66] Siehe: Kholodilin/Siliverstovs (2013)

Indikator	Transmissionsmechanismus
Bruttoanlageinvestitionen	Zinskanal
Private Konsumausgaben	
Kreditzinsen in ausgewählten Ländern	
Kreditvergabe von Banken an Nicht-Banken	Kreditkanal
Schulden der Privathaushalte	
Euro Wechselkurs zum Dollar	Wechselkurskanal
Leistungsbilanzsaldo	
Aktienkurs (DAX)	Vermögenpreiskanal
Immobilienpreise	Risikokanal
Grundstückspreise	
Vergebene Wohnungsbaukredite	

Tabelle 1: Indikatorencluster

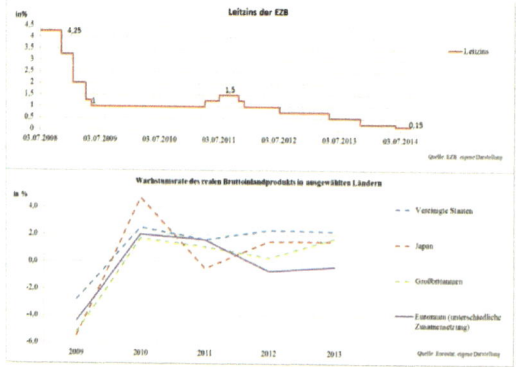

Abbildung 5: Wachstum des realen BIP in ausgewählten Ländern; Entwicklung des EZB Leitzins (2009-2013)

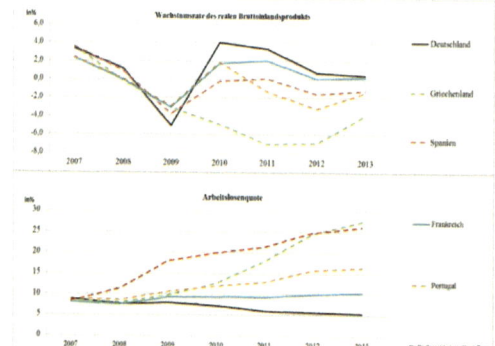

Abbildung 6: Reales BIP und Arbeitsmarktentwicklung in ausgewählten Euroländern (2007-2013)

4 Deskriptive Evidenz

Anders als dem Euroraum gelang anderen entwickelten Volkswirtschaften nach der Finanz- und Wirtschaftskrise die Rückkehr zu konjunktureller Expansion. Folgte der ersten Leitzinssenkung der EZB eine konjunkturelle Belebung, blieb diese im Umfeld anhaltend niedriger Leitzinsen seit 2011 aus. Betrachtet man die prekäre Entwicklung innerhalb des Euroraums findet sich ein Trend zu realwirtschaftlicher Heterogenität, wie Abbildung 6 anhand von Bruttoinlandsprodukt- und Arbeitsmarktentwicklung zeigt.

Deutschland und Frankreich verzeichnen nach einem starken aber kurzen Abschwung seit 2009 positive Wachstumsraten. Wenngleich sich das Wachstum in den Kernländern für 2014 merklich abschwächt bleibt die Tendenz positiv.[67] Krisenländer wie Spanien, Griechenland und Portugal hingegen erlebten eine Double-Dip-Rezession und seit 2010 einen mit Massenarbeitslosigkeit einhergehenden realwirtschaftlichen Niedergang.

Zu den Ursachen zählt die Störung des Zinskanals, die eine wirtschaftliche Erholung erschwert. An erster Stelle ist hierfür eine asymmetrische Übertragung der Niedrigzinspolitik verantwortlich. Wie Abbildung 7 erkennen lässt, sind die Bankkreditzinsen für private Haushalte der Peripherie von denen der Kernländer entkoppelt. Trotz wiederholter Zinskonvergenz zwischen den Staatsanleihen und sinkenden kurzfristigen Zinsen infolge der Leitzinssenkung, liegen die Kreditzinsen in den Krisenländern weit über denen der Kernländer. Die Abbildungen machen außerdem deutlich, dass der EZB auch mit der Ankündigung des OMT Programms keine Rekonstruktion eines funktionierenden Zinskanals gelungen ist.[68] Die schwierigen Finanzierungsbedingungen für Unternehmer spiegeln sich in ihrem Investitionsverhalten wieder. Die Krisenländer Griechenland, Portugal und Spanien weisen seit mehr als drei Jahren eine sinkende Investitionsquote auf.

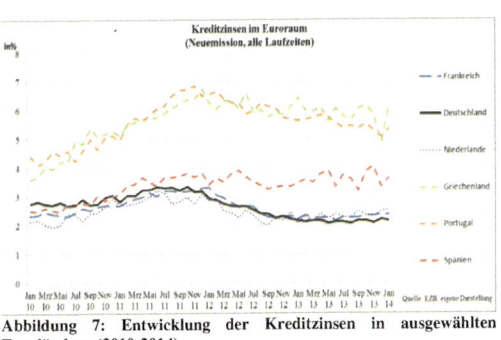
Abbildung 7: Entwicklung der Kreditzinsen in ausgewählten Euroländern (2010-2014)

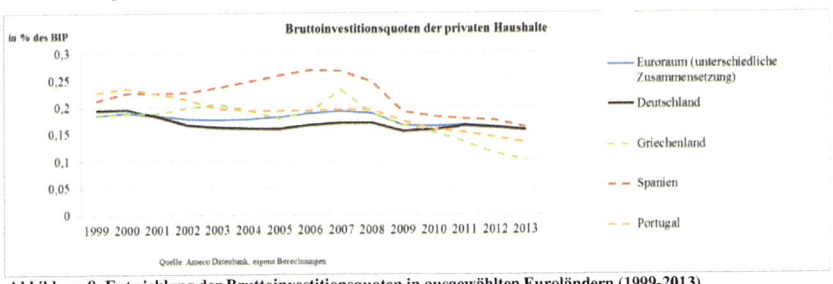
Abbildung 8: Entwicklung der Bruttoinvestitionsquoten in ausgewählten Euroländern (1999-2013)

In Deutschland begünstigte das Niedrigzinsumfeld einen Anstieg der Investitionen der, wie Abbildung 9 veranschaulicht, von der Trendwende bei den Bauinvestitionen getragen wird.

---

[67] Vgl. Deutsche Bundesbank (2014a) S. 6f.
[68] Vgl. Hristov u.a. (2014) S. 17ff.

Der Konsum als Triebkraft der gesamtwirtschaftlichen Nachfrage brach in den Krisenländern ein. Verstärkt wurde der Konjunktureinbruch durch die durchgesetzten Strukturreformen.[69] Neben den Sparmaßnahmen des Staatssektors verstärkt der Investitions- und Konsumverzicht die realwirtschaftliche Abwärtsspirale, wie Abbildung 10 zeigt. Beispielweise konsumierten griechische Haushalte 2013 zwanzig Prozent weniger als 2005. Währenddessen entwickelt sich in Deutschland der Konsum, wie Abbildung 11 dargestellt, kontinuierlich positiv und entfernt sich dabei merklich vom Vorkrisentrend der Jahre 1998-2006. Die gegensätzliche Entwicklung verdeutlicht die prozyklische Wirkung der Niedrigzinspolitik, dort wo die Zinsen konjunkturdämpfend wirken müssten beschleunigen sie.[70]

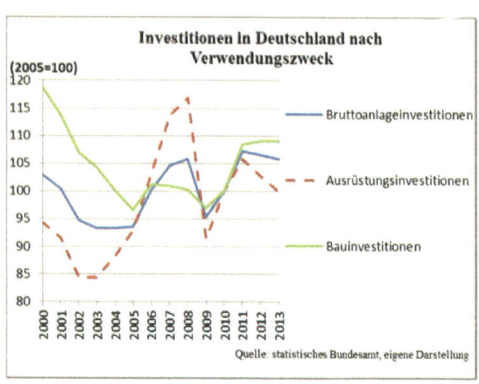

Abbildung 9: Entwicklung der Investitionen in Deutschland
(Index: 2005=100, preisbereinigt)

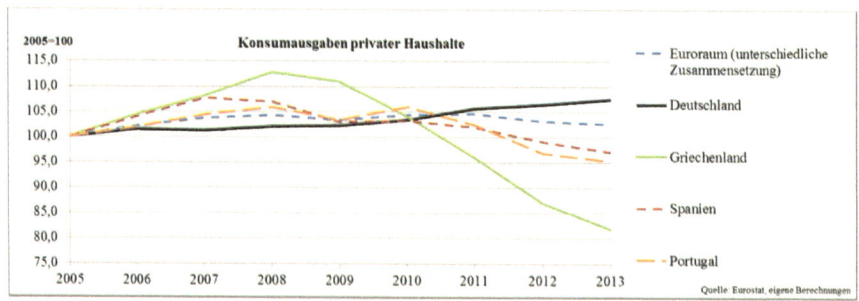

Abbildung 10: Private Konsumausgaben in der EWU (2005-2013)

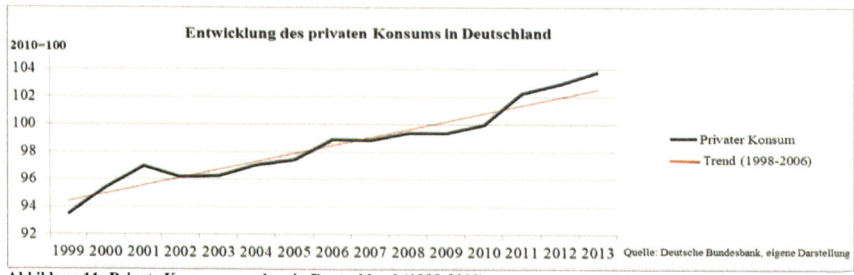

Abbildung 11: Private Konsumausgaben in Deutschland (1999-2013)

---

[69] Vgl. Eggertsson/Ferrero/Raffo S. 2ff.
[70] Vgl. Watzka (2012) S.10.

Neben dem asymmetrisch wirkenden Zinskanal führte die Zinsspreizung zu einer Störung des Bankenkanals. Bedingt durch die Krise im Euroraum verloren die meisten Banken der Peripherieländer den Zugang zum Interbankenmarkt und sahen sich einer Kapitalflucht gegenüber, die ihre Liquiditätsprobleme verstärkte.[71] Trotz der Liquiditätsbereitstellung der EZB zu geringen Zinsen stürzte die Kreditvergabe der Peripheriebanken ins Bodenlose. Anstatt die Niedrigzinsen an die Privatwirtschaft weiterzugeben, wurden in großem Umfang Staatsanleihen der Krisenländer gekauft.[72]

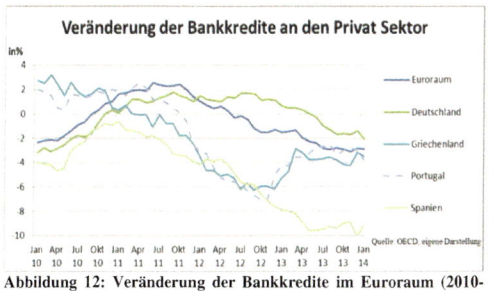

Abbildung 12: Veränderung der Bankkredite im Euroraum (2010-2014)

Kleine und mittlere Unternehmen bilden mit 80% der Beschäftigten und 70% der Bruttowertschöpfung in den Krisenländern die tragende Säule der Wirtschaft. Insbesondere sie sahen sich mit dem Zusammenbruch des Bankenkanals einer Kreditklemme gegenüber, was die realwirtschaftliche Erholung zusätzlich erschwerte.[73]

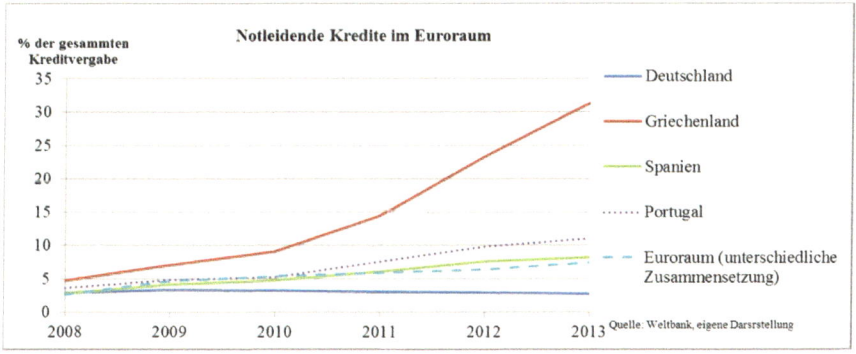

Abbildung 13: Notleidende Kredite im Euroraum (2008-2013)

Zusätzlich erodierten im Zuge der Schuldenkrise die Bilanzwerte der Banken, da Staatsanleihen an Wert verloren. Unternehmen der peripheren Eurostaaten waren aufgrund der Krise nicht mehr in der Lage, bestehende Kredite zu bedienen, oder marktfähige Sicherheiten für neue Kredite zu hinterlegen. Die Zahl der notleidenden Kredite stieg seit 2010 drastisch an und schränkte so die Kreditvergabemöglichkeiten der Banken ein. Selbst bei einer sofortigen Übertragung der Niedrigzinsen droht ein Evergreening uneinbringlicher

---

[71] Vgl. Institut der deutschen Wirtschaft S. 21ff.
[72] Vgl. Reichlin (2014) S. 395f.
[73] Vgl. IMF (2013) S. 9f.

Kredite und die Lähmung der Wirtschaft durch Zombiebanken.[74] Politikmaßnahmen wie die Erhöhung der Eigenkapitalanforderungen Ende 2011 und die Ankündigung härterer Stresstests schränken die Kreditvergabe der Banken weiter ein. Anstatt ihr Eigenkapital durch Neuemissionen von Anleihen zu erhöhen, schränkten sie die Kreditvergabe ein.[75]

Der Schuldenstand der privaten Haushalte lässt zudem keinen signifikanten

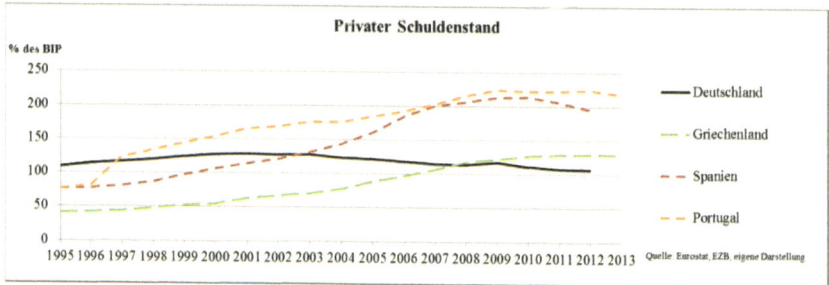

Abbildung 14: Entwicklung der Privatschulden in der EWU (1995-2013)

Entschuldungsprozess in den Krisenländern erkennen. Dies bestärkt das Bild von einer Zombieökonomie, in der ein großer Schuldenüberhang die Nachfrage nach neuen Krediten dämpft und so realwirtschaftliche Dynamik verhindert. Untersuchungen der Bundesbank zeigen, dass institutionelle Hemmnisse, wie ein unzureichendes Insolvenzrecht, eine solche Schuldenfalle begünstigen.[76] Außer dem Zinskanal ist folglich auch der Kreditkanal blockiert.

Auf den ersten Blick ergibt sich beim letzten der traditionellen Transmissionskanäle ein anderes Bild. Im Vergleich zu seinem Höchstwert im betrachteten Zeitraum wertete der Euro sukzessive um mehr als 12 Prozent ab. Abbildung 15 zeigt außerdem, dass bereits vor den Zinsentscheidungen der Zentralbanken der Eurokurs reagiert. Der Euro wertete von Mitte 2011 bis zur Jahresmitte 2012 parallel zu den Leitzinssenkungen der EZB ab und erreichte sein Jahrestief im Juni 2012. Die vorausgehende Abwertung der Währung macht die Rolle der Erwartungen bei der Bildung von Wechselkursen deutlich. Bereits eine erwartete Abwertung als Folge einer Zinssenkung kann durch Kapitaltransfers zu einer heutigen Abwertung führen.[77] Ab Mitte 2012 erfolgte eine kontinuierliche Aufwertung gegenüber dem Dollar, obwohl die EZB 2013 die Leitzinsen wiederholt senkte. Erst die jüngste Zinssenkung in Verbindung mit der Ankündigung Unternehmenskredite zu kaufen brach den Aufwertungstrend.

---

[74] Vgl. Schnabl (2013) S.15f.
[75] Vgl. Shambaugh (2012) S. 198f.
[76] Vgl. Le Blanc u.a. (2014) S. 12f.
[77] Vgl. Dornbusch (1976) S. 1168f.

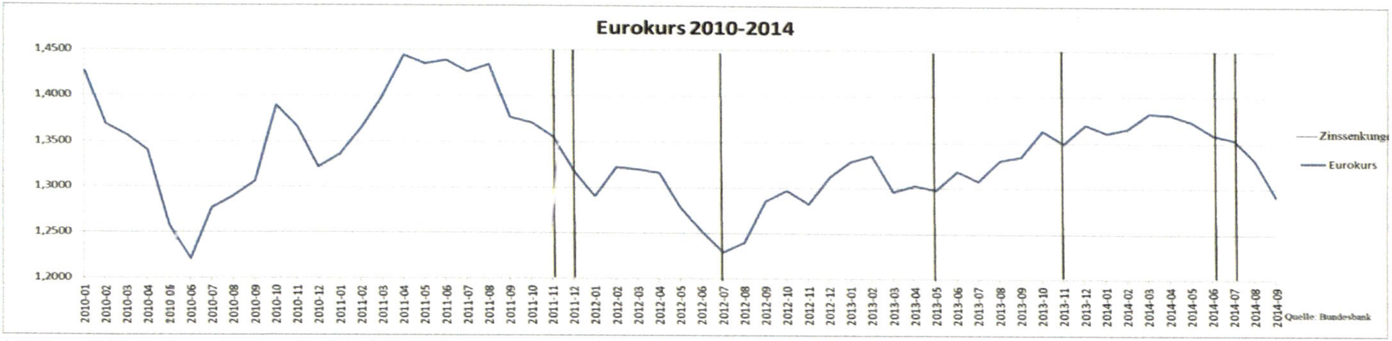

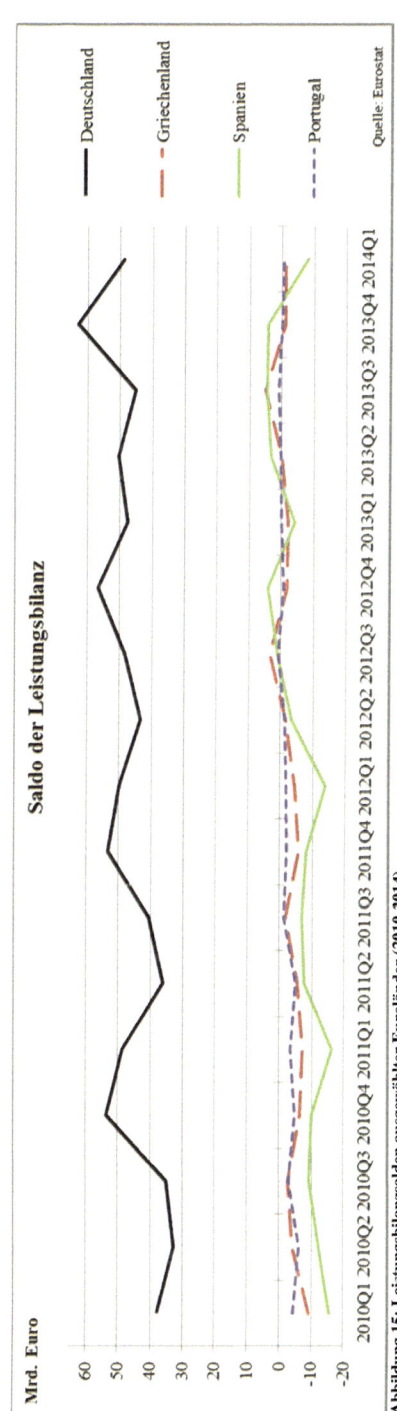

Eurokurs 2010-2014

Abbildung 16: Wechselkursentwicklung des Euro (2010-2014)

Saldo der Leistungsbilanz

Abbildung 15: Leistungsbilanzsalden ausgewählter Euroländer (2010-2014)

Inwieweit die Wechselkursentwicklung von den Zinsentscheidungen der Zentralbank beeinflusst wird, ist vor dem Hintergrund von Finanzmarktinstabilität und globaler „Carry Trade" Spekulation fraglich.[78] Darüber hinaus verliert der Wechselkurskanal in einem Umfeld globaler monetärer Expansion und weltweiter Niedrigzinsen an Effektivität. Seit 2010 verbessern die südlichen Länder ihre Leistungsbilanz stetig. Ursache ist jedoch kein Wechselkurseffekt oder eine steigende Wettbewerbsfähigkeit, sondern das sinkende Volkseinkommen und ein starker Rückgang der Importe.[79] Auch der wachsende Leistungsbilanzüberschuss Deutschlands stellt eher eine Wiederaufnahme des Vorkrisentrends dar. Eine klare Antwort über die Transmission der Zinssenkungen durch den Wechselkurskanal lässt sich daher nicht treffen.

Der stark angestiegene Konsum und die Trendwende der Bauinvestitionen in Deutschland legen auf den ersten Blick nahe, dass asymmetrisch wirkende Übertragungskanäle der Geldpolitik zu einem nicht nachhaltigen Boom führen. Die niedrige Rendite sicherer Anlageformen treibt die Anleger vermehrt in riskantere Anleihen. Dies legt auch der seit den Zinssenkungen der EZB stark steigende deutsche Aktienmarktindex nahe.[80]

Abbildung 17: Entwicklung des DAX (2010-2014)

Einen Überblick über die jüngste Entwicklung am deutschen Immobilienmarkt gibt Abbildung 17. Seit 2010 steigen die Hauspreise in Deutschland drastisch an. Dies und die Anzahl neuer Baugenehmigungen lassen auf eine Überschussnachfrage nach Immobilien schließen. Die seit 2013 rückläufige Wohnungsbaukreditvergabe deutet jedoch nicht auf eine kreditgetriebenen Bauboom. Dennoch können anhaltende Preissteigerungen trotz eingetrübter Konjunkturprognosen ein Anzeichen sein, dass private und institutionelle Unternehmer Immobilien als sicheren Hafen sehen. Mit weiter steigenden Preisen und anhaltenden Niedrigzinsen könnte sich eine Eigendynamik entwickeln, welche zuletzt in den USA zu Übertreibungen am Immobilienmarkt führte.[81]

---

[78] Vgl. Deutsche Bundesbank (2014b) S. 37.
[79] Vgl. Shambaugh u.a. (2014) S. 19.
[80] Vgl. Institut der deutschen Wirtschaft (2014) S. 38ff.
[81] Vgl. ebd.

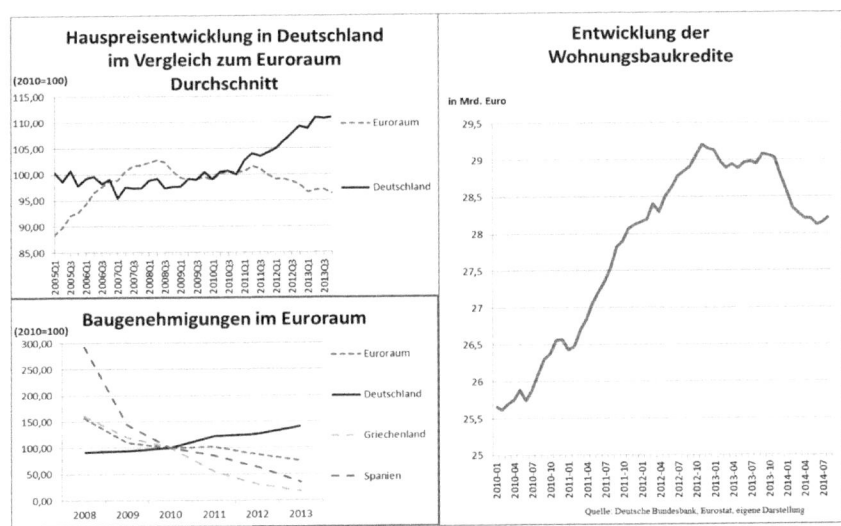

Abbildung 18: Entwicklungen am deutschen Immobilienmarkt

Weder die bisherige Entwicklung der Immobilienpreise noch der Kurspreisindex des DAX weisen auf eine akute Vermögenspreisblase hin. Dennoch besteht eine enge Verflechtung von Vermögens- und Risikokanal. Langfristig besteht die Gefahr, dass private Haushalte ihre Vermögensposition unter dem Eindruck der Niedrigzinsen systematisch überschätzen und sich das Konsum- und Investitionsverhalten von den makroökonomischen Fundamentaldaten entkoppelt.

Die vorangegangene Analyse belegt die finanzielle Fragmentierung des Euroraums und die weitestgehende Störung geldpolitischer Transmissionsmechanismen. Zinssenkungen konnten daher keinen ausschlaggebenden Beitrag zur realwirtschaftlichen Erholung im Euroraum leisten. Gleichzeitig bergen sie durch die asymmetrische Übertragung langfristig das Risiko, die nächste Krise zu verursachen.

5 Handlungsspielräume der EZB

Die nachlassende konjunkturelle Dynamik lässt zurzeit die Frage nach verbliebenen Spielräumen der EZB aufkommen. Mit ihrer jüngsten Zinsentscheidung hat die EZB die Nullzinsgrenze beinahe erreicht. Weitere konventionelle Zinsentscheidungen scheinen Makulatur. Eine Möglichkeit der EZB zur Wiederherstellung der monetären Transmission stellt ein umfangreicher Ankauf von Staatsanleihen der Länder dar. Ähnlich wie das OMT Programm könnte dies zu Zinssenkungen in den Krisenländern führen und Bankbilanzen entlasten. Während mit Blick auf das OMT Programm die realwirtschaftliche Wirkung fraglich ist, würde durch die Übernahme von weiteren Kreditrisiken die Zentralbankunabhängigkeit weiter geschwächt.[82] Die Grenze von Geldpolitik und monetärer Staatsfinanzierung würde bis zur Unkenntlichkeit verwischt. Empirische Schätzungen gehen davon aus, dass ein Ankauf von beinahe 40% der Staatsanleihen in den Krisenländern nötig wäre.[83] Vertrauensverlust in die Währung und Inflation wären beinahe eine logische Folge.[84]

Ebenfalls vorstellbar ist ein gezielter Ankauf ausländischer Devisen. Unter normalen Umständen führt die forcierte Abwertung zur Verbesserung der Leistungsbilanz und mittelfristig durch eine weitere Ausdehnung der Geldmenge zu steigenden Inflationserwartungen, welche den realen Zinssatz weiter senken. Es besteht allerdings die Gefahr realwirtschaftlicher Verzerrungen und internationaler Kettenreaktionen. Insbesondere wenn andere Zentralbanken eine ähnliche Politik verfolgen entsteht globale Unsicherheit. Es droht eine Interventionsspirale, die jegliche realwirtschaftliche Kalkulationsgrundlage und Wechselkursabsicherung unterminiert.

Einen konträren Vorschlag stellt das Ausstiegsszenario des IW Köln dar. Dieser sieht einen schrittweisen Ausstieg aus der expansiven Geldpolitik vor.[85] Ein solches Vorgehen ist im Kontext eines erneuten konjunkturellen Abwärtstrends im Euroraum unwahrscheinlich. Die Schuldentragfähigkeit von Staaten und Unternehmen in Krisenländern würde erodieren und die nächste Krise begünstigen.[86] Auch die vorsichtige Ankündigung der amerikanischen Notenbank über ein Ausstiegsszenario nachzudenken führte zu einer Reihe von Verwerfungen auf spürbarer Kapitalflucht aus Entwicklungsländern. Unter diesen Umständen ist der Handlungsspielraum der EZB deutlich eingeschränkt. Jede weitere Intervention birgt das Risiko strukturelle Abhängigkeiten zu vertiefen, während eine konjunkturbelebende Wirkung fraglich ist.

6 Fazit

Die vorliegende Arbeit zeigt, dass sich die Eurozone in einer konjunkturellen Sackgasse befindet, aus der die bisherige EZB Politik keinen Ausweg verspricht. Statt zu wirtschaftlicher Prosperität, führen die Zinssenkungen der EZB dazu, dass die Risiken zukünftiger Ungleichgewichte vor dem Hintergrund des allgemeinen Niedrigzinsumfelds steigen. Die prozyklische Wirkung der einheitlichen Geldpolitik wird verstärkt. Aus geldpolitischer Perspektive scheint der Euro daher gescheitert. Drei Jahre nach dem Höhepunkt der Krise, ist die Transmissionsmechanismen monetärer Impulse noch immer

---

[82] Vgl. Sinn (2013) S. 9f.
[83] Vgl. Hristov u.a. (2014) S. 22.
[84] Vgl. Sargent (1983) S. 89f.
[85] Vgl. Institut der deutschen Wirtschaft (2014) S. 84f.
[86] Vgl. Boeckx/Cordemans/Dossche (2013) S. 80.

gestört. Ursache der anhaltenden Störung sind strukturelle Probleme, die durch niedrige Zinsen allenfalls verdeckt, nicht jedoch gelöst werden. Der im Zentrum der monetären Transmission stehende Kreditkanal wird ohne eine Schuldenrestrukturierung dauerhaft gestört bleiben. Gleichzeitig sind die Handlungsspielräume der EZB für weitere Maßnahmen stark begrenzt. Sie wurde in den letzten drei Jahren zum gefangenen ihrer Politik. Die Arbeit kommt zu dem Schluss, dass eine Fortführung der bisherigen Rettungspolitik, die alleine durch fortwährende diskretionäre Maßnahmen der EZB gestützt wird nicht zu einer Lösung der Krise führt. Eine Suche nach Auswegen aus der Interventionsspirale der EZB und Politikalternativen erscheint daher für weitere Forschung lohnend.

7 Literaturverzeichnis

Alcidi, C.; Giovanni, A. u. Gros, D. (2012), Central banks in times of crisis. The FED vs. the ECB, CEPS policy brief No. 276.

Bank für Internationalen Zahlungsausgleich (2014), 84. Jahresbericht, Basel.

Bekaert, G.; Hoerova, M. u. Lo Duca, M. (2013), Risk, uncertainty and monetary policy, in: Journal of Monetary Economics, 60. Jg., S.771-788.

Beetsma R. u.a. (2014), The Impact of News and the SMP on Realized (Co)Variancesin the Eurozone Sovereign Debt Market, EZB Working Paper Series No. 1629.

Bernanke, B.S. u. Blinder, A.S. (1988), Credit, Money, and Agregate Demand, in: The American Economic Review, 78. Jg., S. 435-439.

Bernanke, B.S. u. Blinder, A.S. (1992), The Federal Funds Rate and the Channels of Monetary Transmission, in: The American Economic Review, 82. Jg., S. 901-921.

Bernanke, B.S. u. Gertler M. (1995), Inside the Black Box. The Credit Channel of Monetary Policy Transmission, in: Journal of Economic Perspectives, 9. Jg., S. 27-48.

Bernanke, B.S. (2005), The global Savin Glut and the U.S. Current Account Deficit, in: www.federalreserve.gov/boarddocs/speeches/2005/200503102, zugegriffen am 15.09.2014.

Bernoth, K. u.a., Inflationserwartungen im Euroraum sind nicht mehr fest verankert. Neue Maßnahmen der EZB Geldpolitik (2014), in: DIW Wochenberichte, 81. Jg., S. 856-867.

Boeckx, J.; Cordemans, N. u. Maarten, D. (2013), Causes and implications oft he low level oft he risk-free interest rate, in: National Bank of Belgium Economic Review, 10. Jg., S. 63-88.

Boeckx, J.; Maarten, D. u. Gert, P. (2014), Effectiveness and Transmission of the ECB's Balance Sheet Policies, CESifo Working Paper No. 4907.

Borio, C. (2012), The financial cycle and macroeconomics. What have we learnt?, Bank for International Settlements Working Paper No. 395.

Brunner, K. u. Meltzer, A.H. (1988), Money and Credit in the Monetary Transmission Process, in: The Amarican Economic Review, 78. Jg., S. 446-451.

Cooray,A. (2003), A test of the expectations hypothesis of the term structure of interest rates for Sri Lanka, in: Applied Economics, 35. Jg., S. 1819-1827.

Deutsche Bundesbank (2014a), Die Wirtschaftslage in Deutschland im Sommer 2014, in: Monatsbericht August, 66. Jg., S. 5-10.

Deutsche Bundesbank (2014b), Geldpolitik und Bankgeschäft, in: Monatsbericht August, 66. Jg., S. 30-50.

Dornbusch, R. (1976), Expectations and Exchange Rate Dynamics, in: Journal of Political Economy, 84. Jg., S. 1161-1176.

Draghi, M. (2014), Unemployment in the euro area, in: http://www.ecb.europa.eu/press/key/date/2014/html/sp140822.en.html, zugegriffen am 29.09.2014.

Eggertsson, G.; Ferrero, A. u. Raffo, A. (2014), Can structural reforms help Europe?, in: Journal of Monetary Economics, 61. Jg., S. 2-22.

EZB (1998), Der quantitative Referenzwert für das Geldmengenwachstum, Pressemitteilungen.

EZB (2011), Die Geldpolitik der EZB, Frankfurt.

EZB (2012), Technical features of Outright Monetary Transactions, Pressemitteilungen.

EZB (2014), Geldpolitische Beschlüsse, Pressemitteilungen.

Fama, E.F. (2013), Does the Fed Control Interest Rates?, in: The Review of Asset Pricing Studies, 3. Jg., S. 180-199.

Fisher, I. (1907), The Rate of Interest, New York.

Fratzscher, M.; König, P. u. Lambert, C. (2013), Liquiditätsmanagement des Eurosystems im Zeichen der Krise, in: DIW Wochenbericht, 80. Jg., S. 3-17.

Friedman, M. u. Anna J.S. (1963), A Monetary HIstory oft he United States. 1867-1960, Princeton.

Gambacorta, L. (2009), Monetary policy and the risk-taking channel, in: BIS Quarterly Review, 6. Jg., S. 43-53.

Hicks, J. R. (1937), Mr. Keynes and the „Classics". A Suggested Interpretation, in: Econometrica, 5. Jg., S. 147-159.

Hristov, N. u.a. (2014), Smells Like Fiscal Policy? Assessing the Potential Effectiveness of the ECB's OMT Program, CESifo Working Paper No. 4628.

Institut der deutschen Wirtschaft Köln (2014), Das aktuelle Niedrigzinsumfeld. Ursachen, Wirkungen und Auswege, Köln.

International Monetary Fund (2013), Euro Area Policies 2013 Article IV Consultation. Selected Issues Paper, Washington.

International Monetary Fund (2014), World Economic Outlook April 2014. Recovery Strengthens, Remains Uneven, Washington.

Jiménez, G. u.a. (2014), Hazardous Times for Monetary Policy. What Do Twenty-Three Million Bank Loans Say About the Effects of Monetary Policy on Credit Risk-Taking?, in: Econometrica, 82 Jg., S. 463–505.

King, M. u. Low, D. (2014), Measuring The World Real Interest Rate, NBER Working Paper No. 19887.

Kholodilin, K.A. u. Siliverstovs, B. (2013), Wohnimmobilien in Großstädten. Kaufpreise steigen auch 2014 schneller als Mieten, in: DIW Wochenbericht, 80. Jg., S. 23-32.

Kishan, R.P. u. Opiela, T.P. (2000), Bank Size; Bank Capital and the Bank Lending Channel, in: Journal of Money, Credit and Banking, 32. Jg., S. 121-141.

Lagarde, C. (2014), The Challenge Facing the Global Economy. New Momentum to Overcome a New Mediocre, online verfügbar unter: http://www.imf.org/external/np/speeches/2014/100214.htm, zugegriffen am 07.10.2014.

Lane, P.R. (2012), The European Sovereign Debt Crisis, in: Journal of Economic Perspectives, 26. Jg., S. 49-68.

Le Blanc, J. u.a. (2014), Household saving behavior and credit constraints in the Euro area, Deutsche Bundesbank Discussion Paper No. 16.

Lettau, M.; Ludvigson, S. u. Steindel, C. (2002), Monetary Policy Transmission through the Consumption-Wealth Channel, in: Federal Reserve Bank of New York Economic Policy Review, 8. Jg., S. 117-133..

Lucas, R.E. (1996), Nobel Lecture. Monetary Neutrality, in: Journal of Political Economy, 104. Jg., S. 661-682.

McCandless Jr., G.T. u. Weber, W. (1995), Some Monetary Facts, in: Federal Reserve Bank of Minneapolis Quarterly Review No. 1931.

Meltzer, A.H. (1995), Monetary, Credit and (other) Transmission Process. A Monetarist Perspective, in: Journal of Economic Perspective, 9. Jg., S. 49-72.

Mishkin, F.S. (1996), The Channels of monetary Transmission. Lessons for Monetary Policy, in: NBER Working Paper No. 5464.

Modigliani, F. (1971), Monetary Policy and Consumption, in: The Federal Reserve Bank of Boston (Hrsg.), Consumer Spending and Monetary Policy. The Linkages, Bosten, S. 9-84.

OECD (2014), Die OECD in Zahlen und Fakten 2014. Wirtschaft Umwelt Gesellschaft, o.A..

Rajan, R.G. (2005), Has Financial Development Made the World Riskier?, NBER Working Paper No. 11728.

Reichlin, L. (2014), Monetary Policy and Bank in the Euro Area. The Tale of Two Crises, in: Journal of Macroeconomics, 39. Jg., S. 387-400.

Reifschneider, D. u. Williams, J. (2000), Three Lessons for Monetary Policy in a Low Inflation Era, in: Journal of Money, Credit, and Banking, 32. Jg., S. 936-978.

Romer, C. D. u. Romer, D.H. (2013), The Most Dangerous Idea in Federal Reserve History. Monetary Policy Doesn't Matter, in: American Economic Review, 103. Jg., S. 55-60.

Sargent, T.J. (1983), The Ends of Four Big Inflations, in: Hall, R.E. (Hrsg.), Inflation. Causes and Effects, Chicago, S. 41-98.

Schnabl, G. (2013), Der Weg in die Nullzins- und Hochverschuldungsfalle, Working Paper on Global Financial Markets No. 50.

Schnabl, G. (2013), The Macroeconomic Policy Challenges of Balance Sheet Recession. Lessons from Japan for the European Crisis, CESifo Working Paper No. 4249.

Schubert M. u.a. (2012), Leitzinssenkung auf historischem Allzeittief. Welche Folgen hat die Niedrigzinspolitik der EZB? Ifo Schnelldienst, 65. Jg., S. 3-6.

Shambaugh, J.C. (2012), The Euro's Three Crises, in: Brookings Paper on Economic Activity, 44. Jg., S. 157-231.

Shambaugh, J. u.a. (2014), Adjustment in Euro Area Deficit Countries. Progress, Challenges, and Policies, in: IMF Staff Discussion Note No. 14.

Sinn, H.W. (2013, Verantwortung der Staaten und Notenbanken in der Eurokrise, in: Ifo Schnelldienst, 66. Jg., S. 3-33.

Statistische Ämter der Länder (2014), Volkswirtschaftliche Gesamtrechnungen der Länder. Zusammenhänge, Bedeutung und Ergebnisse, Stuttgart.

Stiglitz, J.E. u. Weiss, A. (1981), Credit Rationing in Markets with Imperfect Information, in: The American Economic Review,71. Jg., S. 393-410.

Taylor, J.B., Monetary Policy Rules Work and Discretion Doesn't. A Tale of Two Eras, in: Journal of Money, Credit and Banking, 44, 2012, S. 1017-1032.

Taylor, J.B. (1995), The Monetary Transmission Mechanism. An Empirical Framework, in: Journal of Economic Perspectives, 9. Jg., S.11-26.

Tobin, J. (1969), A General Equilibrium Approach To Monetary Theory, in: Journal of Money, Credit and Banking, 1. Jg., S. 15-29.

Trebesch, C. u. Zettelmeyer, J. (2014), ECB Interventions in Distressed Sovereign Debt Markets. The Case of Greek Bonds, in: CESifo Working Paper Series No. 4731,.

Valencia, F. (2014), Monetary policy, bank leverage, and financial stability, in: Journal of Economic Dynamics & Control, 47. Jg., S. 20-38.

Watzka, S. (2012), Über den Risikokanal in unsicheren Zeiten und das eigentliche Problem der EZB, in: Ifo Schnelldienst, 65. Jg., S. 7-12.

Whelan, K. (2013), TARGET2 and Central Bank Balance Sheets, School Of Economics Dublin Working Paper.

Winkler, A. (2014), Dauerkritik an der Europäischen Zentralbank. Falsch angewendete Theorie untergräbt Vertrauen in Geldpolitik, in: Wirtschaftsdienst, 94. Jg., S. 479-486.